Jo Witek

Une fille de...

Herausgegeben von
Veit R. J. Husemann
Worterklärungen von
Laure Boivin

Ernst Klett Sprachen
Stuttgart

1. Auflage 1 ⁶ ⁵ ⁴ ³ ² | 2024 23 22 21 20

Alle Drucke dieser Auflage sind unverändert und können im Unterricht nebeneinander verwendet werden. Die letzte Zahl bezeichnet das Jahr des Druckes. Das Werk und seine Teile sind urheberrechtlich geschützt. Jede Nutzung in anderen als den gesetzlich zugelassenen Fällen bedarf der vorherigen schriftlichen Einwilligung des Verlages. Die in diesem Werk angegebenen Links wurden von der Redaktion sorgfältig geprüft, wohl wissend, dass sie sich ändern können. Die Redaktion erklärt hiermit ausdrücklich, dass zum Zeitpunkt der Linksetzung keine illegalen Inhalte auf den zu verlinkenden Seiten erkennbar waren. Auf die aktuelle und zukünftige Gestaltung, die Inhalte oder die Urheberschaft der verlinkten Seiten hat die Redaktion keinerlei Einfluss. Deshalb distanziert sie sich hiermit ausdrücklich von allen Inhalten aller verlinkten Seiten, die nach der Linksetzung verändert wurden. Diese Erklärung gilt für alle in diesem Werk aufgeführten Links.

Herausgegeben von Veit R. J. Husemann
Worterklärungen von Laure Boivin

Redaktion: Anne-Sophie Guirlet-Klotz
Layoutkonzeption: Elmar Feuerbach
Gestaltung und Satz: Satzkasten, Stuttgart
Umschlaggestaltung: Andreas Drabarek
Titelbild: la photographie est tirée du film accompagnant la lecture à voix haute de l'auteure Jo Witek (cadrage réalisé par Eli Garcia ; actrice Émeline Couderc); Shutterstock (banyat jantamas), New York;
Bild S. 95: Florence Renerre
Druck und Bindung: Medienhaus Plump GmbH, Rheinbreitbach

Printed in Germany

ISBN 978-3-12-592341-6

Table des matières

Des textes d'un seul souffle.
Des textes à dire, à partager
avec soi et le monde.

UNE FILLE DE...

À Myriam, et à ceux qui payent *chèrement pour le plaisir des autres.*

"On les abreuve de honte parce qu'on en a fait des prostituées, comme si la honte était pour les victimes et non pour les assassins."

Mémoires de Louise Michel.

---

2 **chèrement** → cher – 3 **abreuver qn de qc** *ici :* jdn mit etw überschütten – 5 **une victime** Opfer – 6 **un assassin** Mörder

J'aime courir. J'aime courir seule sur la ligne verte. Elle traverse la ville, longe le fleuve et s'échappe vers la forêt. C'est une ancienne voie de chemin de fer,
5 *réaménagée en piste cyclable, terrain de sport ou sentier pour les amoureux. J'aime l'idée que les endroits abandonnés puissent renaître. J'aime l'idée que l'on puisse renaître.*

---

2 **longer qc** an etw entlangführen – 3 **s'échapper** *ici :* quitter la viller pour aller vers – 4 **une voie de chemin de fer** Eisenbahn – 5 **réaménagé en qc** in etw umgestaltet – 6 **un sentier** un chemin

Je me sens vieille. Ébréchée.

Tellement différente des filles de mon âge. Si j'essaie de revenir au début de mon histoire, au moment précis où j'ai réalisé cette différence, c'est toujours la même photo qui s'imprime. Celle d'un jour embaumé de lilas, celle de ma mère dans une robe en mousseline verte.

Elle m'emmène en ville acheter une paire de chaussures. *Des chaussures de grande*, elle dit, *pour ton anniversaire*. Au loin, c'est une belle boutique, chic, avec des dames bien habillées.

Des femmes élégantes, nous nous rapprochons. Ma mère aussi est élégante. Pour elle, les vêtements ont toujours été importants. Essentiels même, comme la poudre légère, les dessous, le rouge et le noir. Au début de ce souvenir, je suis fière de lui tenir la

---

1 **ébréché** *ici* : *fig* cassé (gebrochen) – 6 **s'imprimer** *ici* : sich einprägen – 7 **embaumé de lilas** nach Flieder duftend – 17 **essentiel** äußerst wichtig – 18 **la poudre** *ici* : Gesichtspuder – 20 **fier** stolz

main. Souriante, innocente, une petite fille comme les autres. C'est très clair ça, sur la photo.

Et puis nous franchissons la porte de
5   la boutique de luxe, et soudain tout se fige, se brise. Mon enfance s'arrête là. Dans le tintement aigu d'une clochette de bienvenue.

Nous entrons main dans la main.

10 Deux vendeuses nous saluent d'un rictus élastique. Je vois la méchanceté pointer entre leurs dents.

Tout se précipite.

Un vieil homme sort de l'arrière-
15 boutique, il regarde ma mère. Je vois des yeux de bête. Des yeux de commandant.

Des yeux qui font plier les têtes des vendeuses. Les unes après les autres, au garde-à-vous.

20 Pas la mienne.

---

6 **se figer** erstarren – 6 **se briser** zerbrechen – 7 **un tintement** Läuten – 7 **aigu** *ici :* hoch – 7 **une clochette** Glöckchen – 11 **un rictus** *ici :* kramphaftes Lächeln – 13 **se précipiter** aller très vite – 16 **un commandant** un chef – 17 **plier** *ici :* sich beugen – 19 **au garde-à-vous** in Habtachtstellung

Je soutiens son regard de loup. Je le déteste. Un instinct. Je sens que je dois le détester. Que j'en ai le droit.

Ma mère me lâche la main.

5 Elle s'agenouille. *Tu seras bien sage, maman n'en a pas pour longtemps. Tu regardes les chaussures, tu choisis celles que tu préfères et les vendeuses te les feront essayer.*

10 Elle m'embrasse et m'abandonne.

Là.

Je reste seule au milieu de quatre femmes et la porte de l'arrière-boutique se referme sur les jambes nues de ma
15 mère. Je suis sage. Je me tais. J'essaie les chaussures. Elles me font mal. L'absence de ma mère me fait mal. Je sens que ce qui se passe derrière la porte de l'arrière-boutique est monstrueux. Je
20 pense à Barbe Bleue. À l'ogre, au sang,

---

1 **soutenir le regard de qn** jds Blick standhalten – 1 **un loup** Wolf – 5 **s'agenouiller** sich hinknien – 5 **sage** *ici* : brav – 15 **se taire** ne pas parler – 16 **l'absence** *f* Abwesenheit – 20 **Barbe Bleue** Blaubart – 20 **un ogre** Menschen fressendes Ungeheuer – 20 **le sang** Blut

aux cris. Un souvenir aveuglant. Plus de photo, juste la peur. À quatre ans, je comprends. Je n'ai pas les mots bien sûr, les mots sont venus après, mais je
5 sais que c'est à ce moment-là que j'ai compris.

Ma mère fait des choses bizarres avec des hommes. Des choses dangereuses et gênantes. Je le saisis dans le regard
10 des vendeuses qui font de moi une misérable. *Une pauvre petite. La pauvre petite. Si c'est pas malheureux.* La gêne. La pitié. La blessure du jugement. À quatre ans dans cette boutique, je
15 réalise que je ne suis pas une enfant comme les autres. Que ma mère n'est pas une femme comme les autres et que les autres me feront payer cher cette différence. Quand maman ressort de
20 l'arrière-boutique, sa coiffure a changé.

---

1 **un cri** → crier – 1 aveuglant *ici :* grell – 9 **gênant** peinlich – 9 **saisir** *ici :* comprendre – 11 **un,e misérable** Arme,r – 13 **la pitié** Mitleid – 13 **une blessure** → blesser – 20 **la coiffure** Frisur

Je choisis les chaussures vernies rouges. Celles qui me font le plus mal, celles qui ont la couleur des lèvres incarnates de ma mère.

---

1 **verni** Lack- – 3 **incarnat** hellrot

Il fait froid ce matin. Ou est-ce moi qui grelotte ? Je ne sais pas si je vais réussir à atteindre mon but. Ce n'est plus une question de souffle, ni d'entraînement,
5 *ni même de moral ou de volonté. Je sens que c'est le sens de ma vie qui se joue ce matin. Et c'est terrifiant de courir vers ça.*

---

2 **grelotter** zittern – 3 **atteindre** erreichen – 3 **un but** Ziel – 4 **le souffle** Atem – 6 **se jouer** *ici :* sich entscheiden

À mon retour de la boutique, j'entre immédiatement dans la vie de ma mère. Je découvre un territoire secret, intime, interdit. Je pousse les portes, j'ouvre les placards, j'épie les conversations.

Ça murmure beaucoup dans son territoire. Au téléphone, entre deux couloirs, derrière les murs. Ça crie aussi parfois, surtout quand un certain Pavel vient la voir.

Je me souviens de ce prénom, Pavel, de son allure de géant aussi. Une présence physique qui me terrifie avec ses bagues aux doigts et son manteau de cuir. Peu à peu, je surprends les bleus sur le corps de ma mère, et je découvre ses yeux de nuit qui parfois ne regardent nulle part.

Des yeux qui disent qu'il ne faut pas crier, ni se plaindre, qu'il ne faut pas

---

5 **un placard** Schrank – 5 **épier** lauschen – 6 **murmurer** murmeln – 12 **une allure** Aussehen – 14 **une bague** Ring – 15 **le cuir** Leder – 15 **un bleu** blauer Fleck

parler des choses qui se passent derrière les portes. Ne pas faire l'enfant. Ne pas être une enfant. C'est pour ça que j'ai grandi si vite. Pour elle, par amour. Dès
5 que j'ai su, j'ai basculé dans le monde des adultes.

À cette époque, nous habitons un appartement attenant à une chambre de bonne où ma mère s'enferme avec
10 ses clients, pour faire les choses sans nom.

Je regarde les hommes passer. Ils sont de toutes les tailles, de tous les âges, de toutes les couleurs. Des beaux, des
15 très moches, des qui sentent l'eau de Cologne, d'autres qui puent la crasse, le cambouis, le caoutchouc, le poisson, le vieux papier, la transpiration et même le lait caillé. Certains me sourient
20 quand ils m'aperçoivent, d'autres

5 **basculer** *ici :* passer – 8 **attenant à qc** juste à côté de qc – 16 **puer** sentir mauvais – 16 **la crasse** Dreck – 17 **le cambouis** Schmieröl – 18 **la transpiration** Schwitzen – 19 **le lait caillé** Sauermilch

font semblant de ne pas me voir. De l'escalier de service à la chambre du bout du couloir, les hommes vont, viennent, puis s'évaporent discrètement

5 dans des volutes de cigarettes. À pas de loup, grimpent les hommes, sauf Pavel. Lui annonce son arrivée à coups de bottes, ses pas tordent mon cœur et les lames du parquet. Quand je l'entends,

10 je cours me cacher sous la table de la cuisine.

Souvent, j'attends maman.

Dans l'appartement ou dans le couloir en jouant à la poupée. Devant

15 la télévision, un livre d'images ou une casserole d'eau bouillante, j'attends que maman ait fini sa journée. *Mon boulot*, elle dit ma mère. Un boulot qui, de loin, c'est vrai, ressemble à celui des autres.

---

1 **faire semblant de faire qc** faire comme si on faisait qc – 2 **un escalier de service** Hintertreppe – 4 **s'évaporer** disparaître – 5 **des volutes** *fpl ici :* de la fumée en forme de spirales – 5 **à pas de loup** sans faire de bruit – 6 **grimper** monter – 8 **une botte** Stiefel – 8 **un pas** Schritt – 8 **tordre** umdrehen – 9 **une lame de parquet** Parkettstab – 16 **une casserole** Topf – 16 **bouillir** kochen

Un boulot, qui fait crier, s'énerver, pleurer parfois.

Mais ce n'est pas grave, Hannoushka,
tous les boulots du monde font pleurer
5 *les gens. C'est la fatigue, ma fille. Juste la*
fatigue. C'est ce que maman me raconte
et je veux la croire. Sans doute que la
boulangère pleure aussi quand elle
rentre chez elle comme les ouvrières.
10 Je me demande si les vendeuses de la
boutique chic pleurent, mais je n'ose
pas l'interroger. À cause de son regard
triste et lointain. Pourtant les questions
se bousculent dans ma tête d'enfant.

15 Que fait maman dans la petite
chambre du bout du couloir ? Pourquoi
n'a-t-elle que des hommes comme
clients ? Est-ce que son métier est lié à
leur zizi ? J'ai cinq ans, je ne sais rien, je
20 n'ai jamais vu le sexe d'un garçon, mais

---

14 **se bousculer** *ici :* schwirren – 19 **un zizi** *enfantin* Penis

je pense à ça. Au zizi des hommes et je me dis que ça a l'air dangereux.

Maman dit que son *affaire* marche depuis qu'elle est *indépendante.*
5 Dans sa bouche, indépendante sonne comme une fierté, un aboutissement. Maman note ses rendez-vous dans un petit carnet de clientèle et elle fait ses comptes le dimanche à la table
10 du salon. Elle aligne les billets puis les range dans une boîte en fer. Elle économise. Elle dit *je veux que tu ne manques de rien, Hannoushka. Que tu sois comme les autres. Mieux que les*
15 *autres ! Tu verras, tu verras.*

Elle dit toujours *tu verras, tu verras* quand elle parle de mon avenir. *Tu verras, tu verras. Je t'ai inscrite à l'internat. Tu as six ans, maintenant, il*
20 *faut apprendre à lire, à écrire, à compter.*

---

6 **la fierté** Stolz – 6 **un aboutissement** *ici :* un succès – 8 **faire ses comptes** *mpl* abrechnen

Alors tu iras dans une école loin de la maison. Ce sera mieux comme ça.

Pour dire des choses importantes, ma mère s'est toujours exprimée en
5 ukrainien. C'est sa langue natale et elle ne parle pas bien le français. Moi, à cette période, je mélange un peu les deux. Mais je comprends. Je sais qu'apprendre à lire et à écrire est une
10 affaire sérieuse et que maman m'envoie là-bas pour mon bien. Pour me protéger, je ne sais pas encore de quoi.

J'aime la ligne verte au petit matin. Surtout l'hiver, lorsqu'il fait encore nuit et que je m'y engage à toute vitesse. C'est assez grisant de foncer seule dans la nuit
5 *glaciale avec pour unique compagnie le chant mélodieux de quelques merles, le roucoulement des pigeons, un bruissement d'ailes ou de feuilles. J'aime entendre mon souffle.* La régularité de
10 ma respiration que j'ai réussi à maîtriser année après année, kilomètre après kilomètre.

Quelle distance ai-je parcourue depuis mes douze ans sur ce trait de nature?
15 Plusieurs milliers de kilomètres sans doute. Il faudra que je m'amuse un jour à faire le calcul. Il faudrait que je m'amuse un jour.

---

3 **s'engager dans un chemin** y entrer – 4 **grisant** excitant – 4 **foncer** courir très vite –
6 **un merle** Amsel – 7 **le roucoulement** Gurren – 7 **un pigeon** Taube – 8 **un bruissement**
un petit bruit – 8 **une aile** Flügel – 9 **la régularité** Regelmäßigkeit – 10 **maîtriser** *ici :*
contrôler – 13 **parcourir** zurücklegen

Avant que je mette un mot définitif, brutal et terrifiant sur l'activité professionnelle de ma mère, c'est d'abord le démonstratif "ça" qui m'a été

5 donné comme explication. Ta mère, elle fait ça. Cette femme, elle est ça. Quelque chose de mystérieux et de moche, à en juger par les gestes que m'adressaient les autres mères du quartier quand elles

10 me voyaient traîner avec leurs gamins. *Pas de ça chez moi. Pas de ça chez nous. Ouste ! Qu'elle aille faire ça ailleurs. Et la petite, qu'elle aille voir ailleurs !* C'est ce que j'ai fait, j'ai été apprendre à lire

15 ailleurs, séparée de ma mère pendant quatre ans.

Ça.

Un truc terrible à en juger par le ton outré des gens du quartier.

---

8 **adresser** *ici :* faire – 10 **traîner** herumhängen – 10 **un gamin** *fam* un enfant – 12 **ouste !** *fam* weg mit dir! – 19 **outré** choqué

Un mot que j'entends toujours derrière mon dos. Ma mère fait ça, quelque chose qui doit se passer loin des yeux, loin de la boulangerie, de
5 l'école, de la bibliothèque, loin de leur vie à tous. Pourtant, moi je sais que les hommes qui viennent à la maison à pas de loup par l'escalier de service, ce ne sont pas des étrangers – sauf
10 peut-être le dénommé Pavel qui a le même accent russe que ma mère. Ils sont forcément du coin, les clients, parce qu'ils reviennent souvent dans la chambre du bout du couloir. Des
15 habitués. À six ans, je comprends que quelque chose coince. *Pas de ça chez nous !* s'indignent-ils tous, mais moi je sais que les hommes qui défilent chez maman, ils sont bien d'ici. Une fois,
20 j'en ai même reconnu un dans la rue.

---

12 **forcément** zwangsläufig – 16 **coincer** *ici :* poser problème – 17 **s'indigner** sich empören – 18 **défiler** *ici :* venir les uns après les autres

Regarde, maman ! Regarde ! Un de tes clients ! J'étais toute contente, mais ma mère m'a fait mal au bras tellement elle voulait fuir à toute vitesse. Tellement elle voulait que je me taise. Elle m'a fait mal ce jour-là. Avec le recul, je sais pourquoi elle m'a éloignée d'elle quelques années. Pour me protéger du ça, et du mensonge qui l'entoure.

5 **se taire** ne pas parler – 6 **le recul** la distance – 7 **éloigner qc/qn** → loin – 9 **un mensonge** Lüge

Au début, je ne courais que cinq, six kilomètres, deux fois par semaine, et puis peu à peu j'ai allongé la distance, la fréquence, mon souffle et les souffrances.

5 *Ça me faisait du bien à la tête cette torture du corps et ces buts futiles que je me fixais. Aujourd'hui, dix kilomètres. Demain, idem, mais plus rapidement. Je me suis acheté un chronomètre. Est-*

10 *ce qu'on fuit quand on court ? Ou est-ce qu'on fonce courageusement vers son avenir ? En tout cas, je me sens hors du temps sur la ligne, projetée dans une sorte de bulle, un face-à-face avec moi-*

15 *même.* C'est comme un dialogue entre ma respiration et mes muscles, une battle *entre mes pensées et ma volonté. Et chaque fois que je m'élance, c'est vers moi que je cours. Oui, sur la ligne verte,*

20 *je ne triche pas et peu à peu le silence se fait.*

3 **allonger qc** rendre qc plus long – 4 **la fréquence** Häufigkeit – 4 **la souffrance** Leid – 6 **la torture** Qual – 6 **un but** Ziel – 6 **futile** sans importance – 10 **fuir** flüchten – 12 **°hors de qc** außerhalb einer Sache – 14 **une bulle** Blase – 18 **s'élancer** *ici :* vorspringen – 20 **tricher** *ici :* schummeln

Nom : SOBOLEV

Prénom : HANNA

Profession du père : Mort.

Profession de la mère : Serveuse.

5 Nationalité : Française.

Nationalité des parents : Mère
ukrainienne.

Cette fiche de renseignements, irrémédiablement exigée par tous les 10 professeurs en début d'année, m'a toujours donné envie de vomir. De tout déchirer, de provoquer un scandale, un esclandre, de commettre un attentat. Je n'ai pas le choix, mon authentique fiche 15 de renseignements se crache au visage.

Je m'appelle Hanna Sobolev, je suis la fille d'Olga Sobolev, prostituée indépendante. Fille de pute, quoi. Je suis une insulte, la pire des insultes, 20 celle que les gens de mon âge balancent

---

9 **irrémédiablement** hoffnungslos – 9 **exiger** verlangen – 11 **vomir** erbrechen –
12 **déchirer** zerreißen – 13 **provoquer / faire un esclandre** faire une scène – 15 **cracher
qc au visage de qn** *ici :* jdm etw ins Gesicht schleudern – 18 **une pute** *vulg* Hure –
19 **une insulte** Beleidigung – 20 **balancer** *ici : fam* envoyer

si facilement à la tête de leurs ennemis. *Fils de pute.*

Ta mère est une pute ! La prostituée, c'est toujours l'autre, un monstre sans
5 visage. Une femme qui blesse, une femme qui salit et que personne n'a jamais vue. Ce n'est ni une sœur, ni une amie, ni une mère qu'on croise dans la rue, pourtant ils sont si nombreux
10 les fils de p... dans les cours de récré. Fils de, c'est plus courant que fille de. Comme si c'était moins grave pour une fille. Moi je dis que c'est pire pour une fille. *La pauvre petite ! Elle ressemble à sa*
15 *mère...*

Quoi ? J'ai pas une tronche de fille de pute ?

J'imagine le tsunami dans la classe si j'avais balancé ça à la tête des profs.

20 Parfois, j'arrive à en rire. En réalité je suis une discrète. Une bonne élève, je

---

6 **salir** beschmutzen – 16 **une tronche** *fam* un visage

déteste la vulgarité et sur ma feuille à grands carreaux, année après année, j'ai aligné les mensonges avec une écriture soignée. Mort, c'est toujours plus simple que vivant pour expliquer l'absence d'un père.

Quant à serveuse, c'est le nom officiel du job de maman. C'est le déguisement social qu'elle me propose après mes années de classes primaires quand je reviens vivre avec elle. J'ai onze ans et nous habitons dans un appartement des faubourgs. *Je suis serveuse de nuit dans un bar, Hannoushka, c'est bon salaire, mais tu devras te réveiller toute seule le matin pour collège.* Le mensonge se transmet en mauvais français. Maman ne me laisse pas le choix et comme je suis sa fille, je l'accepte. Je me débrouille pour que personne ne sache, même les

---

3 **aligner qc** *ici :* dire beaucoup de – 4 **soigné** gepflegt – 8 **un déguisement** Verkleidung – 13 **les faubourgs** *mpl* Vorstadt

copines. C'est épuisant. Cinq ans que je
vis dans la clandestinité.

J'en peux plus d'être une étrangère
dans mon propre pays. J'en crève de
5 tout cacher. J'en crève de voir ma mère
rentrer au petit matin complètement
shootée, dévastée, épuisée.

Elle pue ma mère parfois, elle
revient avec l'odeur des hommes,
10 l'odeur de la rue, des bagnoles ou des
toilettes publiques. L'odeur de clopes,
d'alcool, de cannabis, de sueurs et de
mensonges, la puanteur de l'argent,
du trafic, du ça contre le fric, du froid
15 et de la course pour éviter les flics. La
honte a une odeur, la misère aussi et ce
sont celles de ma mère. Pourtant, elle
est coquette, élégante, maman, c'est
son métier qui pue. C'est la lâcheté des
20 humains qui pue.

---

1 **épuisant** très fatigant – 2 **la clandestinité** Heimlichkeit – 4 **crever** *fam* mourir –
7 **shooté** *ici* : erschöpft – 7 **dévasté** zugrunde gerichtet – 10 **une bagnole** *fam* une
voiture – 11 **une clope** *fam* une cigarette – 12 **la sueur** Schweiß – 13 **la puanteur**
Gestank (→ puer) – 14 **le fric** *fam* l'argent – 15 **éviter** (ver)meiden – 15 **un flic** *fam* un
policier – 16 **la misère** Elend – 19 **la lâcheté** Feigheit

Ces hommes qui payent pour faire l'amour vite fait mal fait. Et tous ces gens autour qui ferment les yeux pour ne pas voir cet odieux trafic sous leurs
5 fenêtres.

Qu'elles aillent faire ça ailleurs !

Ma mère, elle est propre.

Elle fait tout pour que je travaille bien en cours et que je ne manque de
10 rien. Elle est une maman comme les autres. C'est ça que je voudrais hurler au monde, aux professeurs, aux élèves du lycée. Ma mère se prostitue, c'est vrai, mais je l'aime, ma mère, et je suis fière
15 d'elle, parce qu'après ce qu'elle a vécu et ce qu'elle vit encore, elle a réussi à m'offrir de l'amour, beaucoup d'amour. Tout le monde ne peut pas dire ça de ses parents, même des gens bien, comme
20 on dit. Oui, je l'adore, ma mère, parce qu'elle m'a offert tout ce qu'elle n'a jamais reçu.

4 **odieux** schändlich – 11 °**hurler** crier

Ma mère se moque de moi quand elle me voit partir dans ma tenue de sport, jogging, bonnet et baskets, pas maquillée, pas lavée. Parfois, on se croise
5 *au petit matin dans la cuisine. On rigole. Elle fume sa dernière clope avant d'aller se coucher, moi je fais mes lacets, déjà concentrée sur ma journée. Elle pense que je ne plairai jamais à un garçon*
10 *dans cette tenue. Elle se trompe, maman. Sur ce point, elle a tort.*

---

2 **une tenue** des vêtements − 4 **maquillé** geschminkt − 7 **faire ses lacets** *mpl* seine Schnürsenkel zubinden − 11 **avoir tort** ≠ avoir raison

Mon histoire a commencé bien avant ma naissance. C'est vrai pour tout le monde, mais quand on naît fille de prostituée, on a de quoi se poser pas

⁵ mal de questions. Jusqu'à mes treize ans, je n'ai pas de réponses précises.

Pas de début d'histoire. Pas de père.

Pas de nom. Pas de famille. Pas de photos, ni de témoignages. Juste

¹⁰ une mère qui va et vient la nuit sans explication. Je vis comme ça, au milieu des secrets, des non-dits et je le supporte. Et puis un jour, j'ai mes règles. C'est ce qui rompt le silence. Je

¹⁵ ne sais pas pourquoi, mais ça m'a fait peur d'avoir mes règles et de ne pas connaître mon histoire familiale. Tout à coup, je me dis que si ça se trouve, c'est héréditaire. Que puisque je deviens

²⁰ femme, je vais forcément me mettre à

---

9 **un témoignage** Bericht – 13 **supporter** ertragen – 14 **les règles** *fpl ici :* les menstruations – 14 **rompre** casser (brechen) – 19 **héréditaire** erblich – 20 **forcément** zwangsläufig

recevoir des hommes moi aussi, un jour ou l'autre, inévitablement. J'angoisse, alors un soir, je me décide. Il faut casser le verrou, ouvrir la boîte à secrets
5 familiale.

J'ai treize ans, j'ai mes règles, ma mère rentre de son travail, j'ai fait du café, j'ai acheté des croissants, je l'attends.

10 Elle est fatiguée, elle a ses yeux de nuit, elle s'assoit à la table de la cuisine, enlève ses chaussures et allume une cigarette.

Elle dit *tu veux m'annoncer une*
15 *mauvaise nouvelle, ma fille ?* Elle se doute. Elle a les larmes aux yeux. Je la trouve belle.

Sa façon de me regarder, sa façon de m'aimer. Elle est magnifique, ma
20 mère, même après une nuit de tapin.

---

2 **angoisser** avoir très peur – 4 **un verrou** Schloss – 16 **se douter de qc** etw ahnen –
20 **le tapin** *fam* la prostitution

Je ne sais pas bien par où commencer, on n'a jamais parlé de ça toutes les deux. Alors je dis simplement *je sais.* Elle comprend. Elle aussi sait que je
5 sais. On se regarde, on s'enlace. On s'aime, c'est essentiel. Rien d'autre à ajouter. Pourtant je la retiens encore. Je lui montre la photo, celle que je garde toujours sur ma table de nuit. La seule
10 relique de son enfance en Ukraine. Celle d'une jeune fille souriante, belle, blonde, toute rose. Elle pose devant une rivière en costume traditionnel : coiffe multicolore et robe brodée de fleurs
15 rouges, jaunes et vertes. Au dos de la photo est inscrit : *Olga, 14 ans, fête de Pâques au village.* Je lui demande de repartir de ce moment-là. Un village des Carpates ukrainiennes au milieu de
20 somptueux parcs naturels, de forêts, de traditions rurales et religieuses.

---

5 **s'enlacer** sich umarmen − 13 **une coiffe** Haube − 14 **brodé** bestickt − 17 **Pâques** Ostern − 20 **somptueux** magnifique

Comment cette délicieuse adolescente a-t-elle pu se retrouver quatre ans plus tard en France, mère, prostituée et sans un sou ? Elle se lève d'un coup, elle veut
5 s'échapper dans le sommeil. Elle dit *c'est au-dessus de mes forces ce soir. Pas ce soir, Hannoushka.* J'insiste. J'ose la regarder sérieusement. En adulte. De femme à femme. Elle se rassoit, allume
10 une autre cigarette.

L'histoire de ma mère commence par un viol.

C'est ainsi qu'elle entame son récit. En russe. Elle dit *tu comprends, mon*
15 *oncle me violait. Ça a commencé à dix ans et ça ne s'est pas arrêté. Personne ne savait. Personne ne voulait voir. Et mon père, il m'aurait rouée de coups si je lui avais avoué que son frère...* Un jour, elle
20 a cessé de crier, ma mère, de se débattre

---

3 **sans un sou** sans argent – 5 **s'échapper** flüchten – 5 **le sommeil** Schlaf – 12 **un viol** Vergewaltigung – 13 **entamer** commencer – 18 **rouer qn de coups** *mpl* jdn verprügeln – 19 **avouer** gestehen – 20 **cesser** arrêter – 20 **se débattre** um sich schlagen

et elle a laissé son oncle utiliser son corps comme un paillasson. Ne rien dire pour gagner du temps. *Qu'il prenne ce qu'il vient chercher et qu'il s'en aille vite !* C'est déjà ce que ma mère pense des hommes à dix ans. Orpheline de mère, elle s'occupe de ses cinq autres frères et sœurs. Elle fait de son mieux pour tenir la maison, laver les petits, veiller à ce qu'ils ne crèvent pas de faim. C'est tout. C'est ça, la vie de ma mère à l'adolescence. La misère, la crasse, la violence. Nourrir les enfants, le père, supporter ses cris, ses coups, tenir bon et accepter sans broncher le souffle de l'oncle.

Et puis, elle rencontre un garçon au bal du village.

Un étranger. Jamais vu. Il a l'air sérieux. Il s'intéresse à elle, ça lui fait tourner la tête. Il lui dit qu'elle est belle,

---

2 **un paillasson** Schmutzläufer – 6 **un,e orphelin,e** Waise – 12 **la crasse** *fam* la saleté (Dreck) – 15 **sans broncher** sans réagir – 20 **faire tourner la tête à qn** jdm den Kopf verdrehen

qu'elle a de l'avenir, il lui parle de Paris, de restaurants chics où elle pourrait travailler comme serveuse. Un joli rêve d'une nuit de bal, elle s'accroche
5 à son bras, danse et part avec lui. Je lui demande comment il s'appelle, elle dit qu'elle a oublié son prénom. Son visage se crispe. Elle continue, cigarette sur cigarette. Je refais du café. Avec le
10 garçon à l'air sérieux, elle s'enfuit en voiture. Ensuite, ils prennent le train, traversent des frontières. Il est gentil. Au fil du voyage, elle lui confie son argent, ses papiers, son cœur. Elle s'imagine en
15 robe de mariée sous la tour Eiffel.

Et puis, une nuit, elle se retrouve attachée aux pieds d'un lit.

Fin du voyage sentimental. Elle ne reverra plus jamais le garçon gentil.
20 Elle se réveille dans une chambre de souffrance. Des volets clos, une literie

8 **se crisper** sich verkrampfen – 13 **confier qc à qn** jdm etw anvertrauen – 21 **la souffrance** Leid – 21 **un volet** Fensterladen – 21 **clos** fermé – 21 **la literie** → un lit

sale, des déchets sur le sol. Des hommes terrifiants, rudes, forts physiquement lui donnent des claques, des coups. Ils lui font des piqûres. Elle perd

5 conscience. Quand elle se réveille, ils crient, frappent, humilient. Parfois, ils sont gentils.

Elle ne comprend pas tout de suite son cauchemar. Ce sont les autres filles

10 qui lui expliquent. Elle a été droguée et vendue par le garçon à l'air sérieux. Elle est devenue une marchandise, la propriété d'un certain Pavel. L'homme au manteau de cuir, c'est lui, j'en suis

15 sûre, mais je préfère me taire pour la laisser poursuivre. Maman est enfermée dans un camp d'entraînement clandestin. Un camp d'esclavage et de prostitution. L'enfer.

---

2 **rude** hart – 3 **une claque** Ohrfeige – 4 **une piqûre** Spritze – 4 **perdre conscience** *f* das Bewusstsein verlieren – 6 **humilier** demütigen – 9 **un cauchemar** un mauvais rêve – 12 **une marchandise** Ware – 13 **la propriété** Eigentum – 18 **clandestin** *ici :* heimlich

Était-ce en Slovaquie ? Pologne ?
Albanie ? Italie ? Elle n'en a aucune
idée, seul Pavel parle sa langue. Elle ne
comprend pas les autres hommes qui
5 entrent et sortent de la pièce. Elle se
tait, tient bon. *Qu'ils fassent vite, qu'ils
fassent ce qu'ils veulent et qu'ils aillent
voir ailleurs.* Ils sont nombreux. Ils
défilent, le jour, la nuit sur son corps.
10 Combien ? Elle ne sait plus. Elle est
droguée. À peine réveillée. Cela aussi
fait partie de "l'entraînement". Dressée
comme un animal, forcée au silence
et à l'abnégation comme une bête. Un
15 jour, Pavel lui dit qu'elle est prête. Elle
comprend, elle sait qu'il a raison. Elle
est héroïnomane, elle est terrifiée, elle
n'a plus de papiers, plus de pensées :
elle est devenue une chose.

20   Il dit *tu me dois cinquante mille euros
pour le voyage, le gîte et le couvert, alors*

---

14 **l'abnégation** *f* Selbstverleugnung – 17 **héroïnomane** heroinsüchtig – 20 **devoir qc à
qn** jdm etw schulden – 21 **un gîte** Unterkunft – 21 **le couvert** *ici :* la nourriture

*je compte sur toi pour bien travailler et
me rembourser. Tu n'as personne, Olga.
Je suis ton seul ami, ta seule famille à
présent, ne me déçois pas !*

5   Ma mère est emmenée à Paris dans
une voiture aux vitres teintées.

    La destination de ses rêves se
transforme en enfer. Elle se retrouve
porte Saint-Martin dans une petite jupe
10   en cuir rouge, maquillée en putain,
marchant en putain, les yeux emplis de
brume. Elle a dix-sept ans. Les clients
ne manquent pas, elle est belle, une fille
de l'Est, un fantasme, et personne ne se
15   demande pourquoi elle tremble autant,
la petite Russe.

    Ma mère n'a presque aucun souvenir
de cette période. Juste le froid, la
dope et les hommes de Pavel qui sont
20   toujours là, postés derrière leurs belles
bagnoles à attendre comme des hyènes

---

2 **rembourser** zurückzahlen – 4 **décevoir** enttäuschen – 6 **une vitre** une fenêtre –
6 **teinté** getönt – 10 **une putain** *péj* Hure – 12 **la brume** Nebel *(ici : fig)* – 14 **un fantasme**
Wunschvorstellung – 15 **trembler** zittern – 19 **la dope** *fam* la drogue – 21 **une bagnole**
fam une voiture

que les filles débarquent au petit matin pour leur refiler l'argent et, avec ce qui leur reste, leur acheter une dose de drogue.

5 Un bon business. De l'esclavage physique et moral en plein XXIe siècle, j'ai envie de hurler. Mon histoire est insupportable, je ne sais plus si j'ai envie de l'entendre. Dans la cuisine, 10 ma mère me prend la main. Elle poursuit en souriant *et puis tu es arrivée, heureusement, tu es venue.* Maman dit que je lui ai sauvé la peau. Que sans moi, elle n'aurait jamais été capable 15 de lâcher l'héroïne. Quand elle se rend compte de sa grossesse, elle est enceinte de six mois. Trop tard pour avorter. Alors, elle va s'accrocher à ce ventre. À ce petit bout de vie qui pousse en elle. 20 Un enfant de client.

1 **débarquer** arriver – 2 **refiler** *fam* donner – 13 **sauver la peau de qn** jdm das Leben retten – 16 **une grossesse** Schwangerschaft – 17 **avorter** abtreiben – 19 **pousser** *ici :* wachsen

Pas de père, peu importe le père puisque aucun homme ne lui a dit un mot gentil. Personne ne lui a demandé son âge. Personne ne lui a proposé de
5 l'aider ni même une tasse de thé. Tout le monde s'en fout d'Olga Sobolev. La société entière s'en fout de ces filles qui marchent jour et nuit dans les villes, à la disposition du désir des
10 hommes et des truands. Alors tant pis, elle panique un peu, mais elle sait ce qu'elle doit faire. Sa survie devient une urgence. Pour moi. Pour me donner la vie. Elle tremble, elle vomit, elle est en
15 manque, elle a mal partout, mais elle reste debout. Elle n'a plus peur. Elle sent que ça bouge dans son ventre. *Tu m'as sauvé la vie, ma chérie*, c'est ce qu'elle dit dans la cuisine. Je suis
20 bouleversée, je ne savais pas, je ne

---

9 **à la disposition** zur Verfügung – 9 **le désir** *ici* : Sexualtrieb – 10 **un truand** Gauner –
13 **une urgence** *ici* : Notfall – 15 **être en manque** *m* Entzugserscheinungen haben –
20 **bouleversé** erschüttert

savais rien. Elle poursuit, épuisée. *J'ai fait ma valise.* Elle s'engouffre dans un taxi puis prend le premier train du matin. Elle file vers l'ouest et atterrit
5 en Loire-Atlantique. C'est là que je suis née. Dans une ville de province. Elle avait dix-huit ans, pas d'amis, pas de diplômes, elle parlait à peine le français, et pour acheter du lait, des couches, un
10 lit douillet, des peluches et m'offrir un foyer, elle est retournée sur le trottoir. En *indépendante*, cette fois, et c'était sa fierté de travailler librement.

J'ai grandi au milieu des copines
15 prostituées de ma mère. Entre Stefania, Anita, Maria, toutes Russes, toutes victimes de réseaux de prostitution, toutes incapables de rentrer chez elles, puisque de toute façon chez elles, c'était
20 pire.

---

1 **épuisé** très fatigué − 2 **s'engouffrer dans qc** sich in etw stürzen − 9 **une couche** Windel − 10 **douillet** confortable − 11 **un foyer** Heim

Et Pavel ? Pourquoi venait-il encore chez nous quand j'étais petite ?

L'homme au manteau de cuir. Le chef des proxénètes, celui qui avait 5 fait de ma mère une prostituée. *Il m'a retrouvée*, a simplement précisé maman, avant d'aller se coucher et de conclure en m'embrassant *ne t'inquiète pas, mon Hannoushka, il est mort. Tu* 10 *n'as plus rien à craindre.*

Tu n'as plus rien à craindre.

Des mots de mère. Une protection sans faille. Je sais qu'elle a fait son possible. Qu'elle a même risqué sa vie 15 pour moi !

Pourtant j'ai peur. Peur du regard des autres. Vais-je réussir à dire mon histoire sans perdre ma dignité ?

4 **un proxénète** Zuhälter – 13 **une faille** *ici :* Schwachstelle – 18 **la dignité** Würde

Vingt kilomètres. C'est la distance que je veux parcourir avant de me rendre à mon rendez-vous. Je suis dans les temps. Je l'ai déjà fait sans autre but que de courir vingt kilomètres en moins de deux heures. Une heure à l'aller, demi-tour, une heure pour revenir chez moi.

Cette fois mon objectif ultime a un visage, un nom et il n'y aura pas de demi-tour possible. Je le sais, je le veux, c'est ce qui me porte dans la nuit glaciale, au début de ce jour qui tarde à se lever.

---

8 **ultime** *ici :* höchste/r/s – 10 **un demi-tour** Kehrtwendung – 12 **tarder** mettre du temps

Les insultes, j'ai connu dans le quartier. Ça finit toujours par se savoir, c'est pour cette raison qu'on a pas mal déménagé. La première fois qu'on me demande si

5 c'est vrai que ma mère fait le trottoir, j'ai onze ans. J'ai envie de cogner. De tuer même. De m'armer d'un couteau et de saigner tous ceux qui oseraient en rigoler. Je me veux justicière et

10 protectrice de ma mère, mais je laisse couler. Je réponds en haussant les épaules, l'air outré, *n'importe quoi, elle est serveuse, ma mère*, et puis je m'en vais. Au début, ça va, enfin je pense

15 que je vais m'en tirer comme ça et puis un jour je réalise que je me trompe. J'ai douze ans.

J'ai mis une petite jupe à la mode.

Une mini qu'on porte toutes à cette

20 période avec des leggins et des grosses

---

6 **cogner** zuschlagen – 8 **saigner** → le sang (Blut) – 9 **un justicier** qn qui se bat pour la *justice* (Gerechtigkeit) – 10 **protecteur** → protéger – 11 **laisser couler** *ici :* laisser passer – 11 °**hausser les épaules** *fpl* mit den Schultern zucken – 12 **outré** choqué – 15 **s'en tirer** *fam* davonkommen – 16 **se tromper** faire une erreur

bottes type après-ski. Je ne suis pas plus indécente que mes copines de collège, juste à la mode. Oui, mais voilà, je suis une fille de prostituée et ça, ça ne pardonne pas. Alors, un soir en rentrant des cours, je me fais coincer par une bande de gars du quartier. Ils sont quatre. Je ne les vois pas venir. Ils m'encerclent, m'empêchent de fuir. La rue est déserte. J'ai peur. Ça se passe très vite. Le plus grand d'entre eux s'approche de moi. Il passe sa langue sur ses lèvres comme s'il allait me bouffer. Je repense au vendeur de la boutique chic. J'ai la nausée. Au début, leurs mots me font l'effet d'un couteau dans le ventre et puis je n'entends plus. *Eh, jolie la jupe ! Une minijupe pour une minipute ! Tu prends combien pour nous sucer ? Tu baises aussi bien que ta mère ?*

---

1 **des bottes** *fpl* Stiefel – 1 **des après-ski** des bottes pour la neige – 2 **indécent** schamlos – 5 **ça ne pardonne pas** *ici* : es ist unverzeihlich – 6 **se faire coincer** eingezwängt werden – 7 **un gars** un garçon – 9 **encercler** einkreisen – 12 **une langue** *ici* : Zunge – 13 **les lèvres** *fpl* Lippen – 14 **bouffer** *fam* manger – 15 **j'ai la nausée** mir ist übel – 20 **sucer qn** *vulg* jdm einen blasen – 20 **baiser** *vulg* bumsen

Raconter ce qui m'est arrivé est forcément indécent. Choquant. Pornographique. Interdit aux moins de dix-huit ans. Pourtant, moi, j'avais
5 douze ans !

Une fragilité de gamine et personne pour me défendre. Personne pour me protéger de la violence sexuelle. De ce désir bestial de quatre débiles. Et ils
10 sont si nombreux les débiles dans le monde. Le type passe sa main dans mes cheveux. Il descend sur mon visage, ma poitrine. Je comprends que s'il met sa main sur ma bouche, je suis foutue.
15 Alors, je crie. Un cri puissant. Je ne reconnais pas ma voix. Un rugissement qui fait paniquer les petits caïds. Au loin, des gens se pointent en courant. Le mec me jette à terre, il me crache
20 dessus avec une tronche dégoûtée. *On*

---

6 **la fragilité** Schwäche – 6 **une gamine** *fam* Mädchen – 9 **bestial** → une bête – 9 **un débile** *fam* un idiot – 14 **je suis foutu** es ist aus mit mir – 15 **puissant** fort – 16 **un rugissement** Brüllen – 17 **un caïd** un garçon qui se prend pour un chef – 18 **se pointer** arriver – 19 **un mec** *fam* un garçon – 19 **cracher** spucken – 20 **une tronche** *fam* un visage – 20 **dégoûté** *ici :* stinksauer

te coincera un jour, salope, et cette fois, je
te jure qu'on te laissera pas gueuler.

Je reprends mes esprits. Ils sont
partis. Quelques badauds s'approchent
5 de moi avec prudence. J'entends les
mots *médecin, police, plainte.* Je me
relève et je dis non. Non, merci. Non à la
pitié. Non à la misère. Non à la fatalité.

Je rentre chez moi en tremblant à
10 toute vitesse.

Je ferme la porte à clé.

Je me lave. Je me frotte la peau
jusqu'au sang. J'enlève la honte, la peur,
la grossièreté, la barbarie.

15 Je me fais un café chaud et je
réfléchis. Comment me protéger ?
Comment éviter que l'on fasse de
mon corps un terrain de jeux sexuels
uniquement parce que je suis née fille
20 de prostituée ?

---

1 **une salope** *vulg* Nutte – 2 **gueuler** crier – 3 **reprendre ses esprits** *mpl* sich wieder
fassen – 4 **un badaud** un passant – 5 **la prudence** Vorsicht – 6 **une plainte** *ici :*
Strafanzeige – 8 **la pitié** Mitleid – 12 **frotter** reiben, schrubben – 13 **le sang** Blut – 14 **la
grossièreté** Flegelhaftigkeit

Je ne trouve pas de réponse, alors je pars courir.

Un instinct. Ma sauvagerie à moi. Courir pour gagner ma dignité. Courir
5 pour me sentir unique sur terre. Courir pour exister. Me forger un moral de championne, un corps solide, musclé, entraîné. Un corps qu'on ne piétine pas. Qu'on n'avilit pas. Qu'on ne
10 dompte pas. Courir pour que mon corps n'appartienne qu'à moi. Que mes désirs n'appartiennent qu'à moi. Courir pour marcher librement sans me soucier du regard des autres, sans dépendre
15 du regard des autres, et surtout pas de celui des hommes. J'avais trouvé ma parade : courir, cacher ma vie privée, et étudier le plus possible sans me faire remarquer. Tel était mon salut. La seule
20 façon de me protéger de la cruauté des gens envers les enfants de prostituées.

3 **la sauvagerie** *ici :* un comportement instinctif – 6 **forger** schaffen – 8 **piétiner qc** marcher sur qc (→ un pied) – 9 **avilir** entwürdigen – 10 **dompter** bändigen – 13 **se soucier** *ici :* s'occuper – 17 **une parade** *ici :* un moyen pour se défendre – 19 **le salut** Rettung – 20 **la cruauté** Grausamkeit

J'espère que ma cheville gauche tiendra, depuis quelque temps elle bloque un peu. Je n'ai pas de coach, alors le soir je vais sur internet pour y trouver mes
5 *réponses. C'est ainsi que j'ai acheté la chevillère que je porte, une protection prétendument révolutionnaire selon les avis des joggeurs. Ça a fait rire ma mère quand elle m'a vue dépenser l'argent de*
10 *ma semaine dans ce bandage noir super moche. Parfois, elle m'interroge sur les raisons qui me poussent à courir comme ça, jusqu'à m'en blesser pour rien ni pour personne. Pas facile de lui répondre*
15 *sans la heurter, alors je lui dis que c'est ma petite folie, ma cigarette à moi, mon shopping à moi et ça la fait sourire. Je préfère son sourire à la vérité. Cinquante minutes, trois secondes, six dixièmes, j'ai*
20 *parcouru neuf kilomètres, je suis à 81 %*

---

1 **une cheville** Knöchel – 6 **une chevillère** Knöchelschutz – 7 **prétendument** angeblich –
11 **interroger qn** poser des questions à qn – 12 **pousser qn à faire qc** jdn antreiben etw
zu tun – 15 **°heurter qn** blesser qn – 16 **une folie** *ici* : Manie

de ma fréquence cardiaque maximale, parfait. En pleine zone d'intensité modérée. Je me sens bien et s'il le faut, je peux encore accélérer. Oui, je peux encore

5 *accélérer.*

1 **cardiaque** → le cœur – 3 **modéré** moyen – 4 **accélérer** aller plus vite

Après cet épisode, je laisse tomber les jupes, les petits hauts et je me couvre pour sortir. Pas de burka, mais un uniforme unisexe et passe-partout :
5 jean, baskets, pulls, tee-shirt. Je proscris le décolleté, le maquillage et tous les signes ostentatoires de féminité. À ce voile de protection, j'ajoute un mode de vie quasi martial. Collège, études,
10 bibliothèque, entretien de la maison et course à pied sur la ligne verte deux fois, puis quatre fois par semaine. Aucun camarade de classe ne vient chez moi.

Je m'acharne à ne pas me lier d'amitié.
15 Je ne fais confiance à personne. J'accepte de temps en temps une sortie pour ne pas me faire *black lister* ni considérer comme une autiste, mais personne, non personne ne
20 doit découvrir que ma mère est une prostituée.

2 un °haut *ici :* Oberteil, Top – 2 **se couvrir** *ici :* mettre des vêtements qui cachent le corps – 5 **proscrire** interdire – 6 **le maquillage** Make-up – 7 **ostentatoire** betont auffällig – 8 **un voile** Schleier *(ici : fig)* – 9 **martial** streng – 10 **l'entretien** *m ici :* Pflege – 14 **s'acharner à faire qc** sich darauf versteifen etw zu tun

Je m'en sors bien.

Enfin presque. Parfois, je frôle le précipice. Comme cette fois où j'accepte une virée au cinéma avec une
5 fille de ma classe et ses copains que je trouve sympas. Nous débouchons sur une avenue où des prostituées arpentent le trottoir. Je me sens mal à l'aise. J'accélère. Les garçons
10 commencent à plaisanter, ça fait marrer les filles qui en rajoutent une couche.

Ils disent *je me demande comment on peut en arriver là. Je me demande quel genre de mec peut baiser ces vieilles*
15 *peaux. Elles sont trop moches. Tu crois qu'elles prennent cher ? Va demander, Théo ! Allez, demande-leur les tarifs !*

Plus on avance, plus je sens la colère attaquer mes neurones, j'ai un mal fou à
20 me contrôler. J'essaie de détourner leur attention *allez, vous venez ? Allez, on va*

2 **frôler qc** passer tout près de qc – 3 **un précipice** Abgrund – 4 **une virée** une sortie –
6 **déboucher** *ici :* arriver – 8 **arpenter un lieu** hin und her gehen – 10 **plaisanter** faire
des blagues – 10 **faire marrer** *fam* faire rire – 11 **en rajouter une couche** noch eins
draufsetzen

louper la séance. Ils me rejoignent, mais les blagues fusent. On dirait que ça les amuse, que ça les défoule de plaisanter sur ces femmes. J'essaie de garder mon
5 calme. Et puis l'un d'entre eux franchit la limite de ma tolérance. Il lance *quitte à baiser une pute, je préférerais me faire une Russe, il paraît qu'elles sont bonnes.* Je déraille. Je défaille. Je ne sais plus.
10 J'attaque. Je fonce sur lui.

Je le pousse. Il tombe. Je me retiens de le frapper. De le mitrailler à coups de pied. Je crie. *Stop ! Stop ! Fermez vos gueules ! C'est vous les dégueulasses !*
15 *C'est vous qui êtes infâmes ! Pas elles !* Je vrille complètement et soudain, face à leurs visages pétrifiés, je comprends que je n'appartiens plus à leur monde. Qu'en une seconde, la fille sympa du
20 lycée s'est transformée en mutante.

1 **louper** *fam* manquer – 1 **une séance** *ici :* Vorstellung – 2 **les blagues** *fpl* **fusent** on peut entendre de nombreuses blagues – 3 **ça défoule qn** jd reagiert sich ab – 6 **quitte à…** si je dois… – 9 **dérailler** *ici : fam* spinnen – 9 **défaillir** se sentir mal – 12 **mitrailler** bombarder – 14 **un dégueulasse** *fam ici :* eine fiese Person – 15 **infâme** niederträchtig – 16 **vriller** *ici :* durchdrehen – 17 **pétrifié** immobile à cause de la surprise

Alors, comme d'habitude, je me mets à courir. La seule façon pour moi de marcher droit. Quand je rentre à la maison, ma mère boit des coups avec
5 ses meilleures copines avant d'aller bosser. Je les connais par cœur, c'est comme des tantes pour moi. Stefania, Maria, Anita, ma seule famille. Pourtant ce soir-là, elles aussi me gonflent. Je leur
10 en veux. J'ai pas envie d'appartenir à leur monde, pas plus qu'à celui de ceux qui se moquent d'elles. J'ai pas envie d'assister à leurs conversations futiles sur les clients, le boulot, le fric, les
15 culottes, les cancans de caniveau.

Je les trouve grossières, superficielles, je ne les supporte plus. J'ai envie de les taper, de les secouer. Je veux qu'elles sortent de ma cuisine et de ma vie !
20 *Qu'est-ce que c'est que ce petit air malheureux ?* me demande ma mère.

---

9 **gonfler qn** *fam* énerver qn – 10 **en vouloir à qn** être fâché avec qn – 13 **futile** sans importance – 15 **une culotte** Unterhose – 15 **des cancans** *mpl* Tratsch – 15 **de caniveau** *m* de bas niveau (**un caniveau** Rinnstein) – 16 **superficiel** oberflächlich – 18 **secouer** schütteln

Je réponds *rien, fatiguée, c'est tout. Alors, champagne !* fanfaronne Maria en me tendant une coupe. J'ai quatorze ans et je bois du champagne avec des prostituées qui fument des pétards dans ma cuisine. C'est ça mon quotidien. J'hésite entre les pleurs, les rires, je ne sais plus.

J'ai envie de faire ma valise et d'aller voir les services sociaux. *Bonjour, j'ai fugué, je suis fatiguée. J'en peux plus de vivre avec des prostituées. Vous pouvez vous occuper de moi ? M'offrir une vie normale avec un dîner tout prêt le soir et de l'ordre, beaucoup d'ordre et de calme ?* Mais je ne dis rien. Je bois un coup. Je trinque avec Stefania. Elle a trente-six ans, on lui en donnerait dix de plus. Ma mère et ses copines se mettent à danser. Elles me font de la peine. Mais c'est ma vie, ma famille, alors je reste et je danse avec elles.

2 **fanfaronner** sich aufspielen – 3 **une coupe** *ici :* un verre – 5 **un pétard** *ici : fam* Joint –
11 **fuguer** abhauen – 17 **trinquer** anstoßen – 20 **faire de la peine** leidtun

Mon cœur s'est un peu emballé et mon bracelet de mesure cardio a affiché 92 % de ma fréquence cardiaque maximale.

Il faut que je me calme, que je ralentisse un peu. Il me reste dix kilomètres avant mon rendez-vous. Il faut que je reste concentrée. Maîtriser ma respiration. Assumer mon choix. Ne pas gamberger. J'ai bien réfléchi, c'est la seule façon d'aimer.

1 **s'emballer** s'exciter – 2 **un bracelet de mesure** f **cardio** Armband mit Herzfrequenzmessung – 5 **ralentir** aller moins vite – 8 **assumer** *ici :* dazu stehen – 9 **gamberger** beaucoup réfléchir

Des amoureux, ma mère n'en a jamais ramené à la maison. Qui voudrait être le petit ami d'une prostituée ? Pourtant, je suis certaine qu'avec beaucoup
5 d'amour, ce serait envisageable. Il lui faudrait un homme courageux pour la sortir de là. Moi, je n'y suis pas parvenue. Je me dis parfois que c'est trop tard. Que depuis que Pavel, son
10 ancien proxénète, est mort, elle ne supporte plus de recevoir de leçons, ma mère. Alors, les horaires du matin, la paye minable de fin de mois, les ordres des petits patrons qui se prennent pour
15 de grands chefs, elle ne le supporterait pas. Une vie équilibrée pour elle ? Un boulot normal ? Elle n'a jamais connu.

Ça me fait flipper l'idée de m'occuper de ma mère toute ma vie. C'est pourtant
20 ce qui m'attend. Je ne pourrai pas la laisser se prostituer et vivre ma vie

---

5 **envisageable** possible – 8 **parvenir à qc** réussir qc – 13 **minable** elend – 13 **un ordre** *ici :* Befehl – 14 **un patron** un chef – 18 **faire flipper** *fam* faire peur

d'adulte bien au chaud. Il faudra que je l'aide, que je paye son loyer, ses frais, il faudra que je gagne très bien ma vie et que l'homme que j'aime accepte ma
5 mère et sa tonne de galères. Tout ça m'inquiète.

L'amour, j'ai longtemps pensé que ça n'existait pas entre un homme et une femme. Que c'était un sentiment
10 de fiction. Un truc de riches, de nantis. Dans le milieu de ma mère, les couples n'existent pas. Les relations ne durent que quelques mois, rarement plus.

Les filles s'accrochent à l'homme
15 comme à un sauveur et le type finit par fuir à toutes jambes. Faut les comprendre, les hommes. Une vie de prostitution, ça rend sauvage, agressive, ça fout la trouille et bousille toute
20 chance de relation sereine.

---

2 **le loyer** Miete – 2 **les frais** *mpl* Kosten – 5 **une galère** *fam* un problème – 10 **un nanti** un riche – 15 **un sauveur** → sauver (retten) – 19 **foutre la trouille** *fam* faire peur – 19 **bousiller** *fam* kaputt machen – 20 **serein** heiter

Moi, je suis pas une enfant de l'amour, je suis une fille de passe. Ça calme.

Ça tue d'entrée de jeu les rêves
5 romantiques en rose et bleu. Une fille de passe, c'est presque joli à entendre. Les mots mentent parfois, ils déguisent si bien la puanteur du monde. Quand je l'imagine – et je l'imagine à chacun
10 de mes anniversaires –, ça me donne la nausée. Je suis le fruit d'un sale business entre un homme prêt à payer pour avoir du plaisir et une femme qui accepte le deal pour éviter de se faire buter par
15 des mafieux. C'est dégueulasse, une relation sexuelle tarifée. J'ai tellement entendu ma mère et ses copines en parler. Une passe, c'est glauque, pour la fille comme pour le mec. Chacun
20 s'isole dans ses pensées. Lui, il veut du

---

2 **une passe** *ici : fam* un acte sexuel payé – 4 **d'entrée de jeu** dès le début – 8 **la puanteur** Gestank – 14 **buter** *fam* tuer – 15 **un mafieux** → la mafia – 18 **glauque** *fam* déprimant

plaisir et que ça dure longtemps, elle, elle veut que ça s'arrête le plus vite possible et empocher l'argent. C'est carrément sordide. Ça se fait dans

5 des endroits paumés, déglingués, qui puent. Chambre d'hôtel bon marché, voiture, sous-bois, toilettes publiques. Depuis que je sais ce que fait ma mère, j'essaie d'imaginer le moins possible

10 son quotidien. Je ne peux pas imaginer ma mère faire ça. Mais les hommes, si. Je les ai vus les hommes quand j'étais gamine et je ne comprends toujours pas pourquoi ils reviennent.

15 C'est humiliant de faire l'amour comme ça ! C'est pitoyable de payer pour se faire toucher. Minable. Parfois je les déteste les clients de prostituées, parfois j'ai pitié d'eux. C'est comme

20 ma mère, il y a des jours où j'ai envie de la secouer. De la gifler. De la traîner

---

3 **empocher** mettre dans sa poche – 4 **sordide** widerwärtig – 5 **paumé** *fam* perdu –
5 **déglingué** *fam* kaputt – 7 **un sous-bois** Niederwald – 15 **humiliant** erniedrigend –
16 **pitoyable** erbärmlich – 21 **gifler qn** jdn ohrfeigen

par les cheveux à Pôle Emploi pour qu'elle postule à un travail pourri, mais sans risque. Sans humiliation. Sans marchandage. Qu'elle rentre dans la société ! Qu'elle arrête de me laisser naviguer toute seule entre le mensonge et ma réalité ! Parfois je me dis que je suis trop sage, trop gentille, que si j'avais davantage piqué des crises, fait des caprices, elle aurait peut-être décroché. Je ne sais pas. Je me sens coupable d'aller acheter le pain avec l'argent de cette misère. Est-ce que les enfants de marchands d'armes gambergent eux aussi au supermarché ? Hein, les enfants de salauds, vous vous sentez honteux avec vos vêtements de marque ? Parfois, je doute à m'en faire éclater la cervelle.

---

1 **Pôle Emploi** *in etwa* Bundesagentur für Arbeit – 2 **pourri** *ici :* nul – 4 **le marchandage** Handeln – 6 **naviguer** *ici :* umherirren – 8 **sage** *ici :* brav – 9 **piquer une crise** einen Wutanfall bekommen – 10 **faire des caprices** *mpl* rumzicken – 11 **décrocher** *ici :* arrêter – 12 **coupable** schuldig – 14 **un marchand d'armes** *fpl* Waffenhändler – 16 **un salaud** Dreckskerl – 18 **douter** zweifeln – 19 **éclater** exploser – 19 **la cervelle** Hirn

Je me sens si seule avec tout ça. Seule avec mes peurs et ce dégoût de l'humanité qui souvent m'empêche de sourire.

5 Et si je ne réussissais jamais à ressentir du plaisir avec un garçon ? Et si, à cause de la monstruosité humaine, à cause de l'histoire de ma mère, j'étais à jamais privée de la légèreté d'aimer ?
10 De ce bonheur à deux, de ce temps immortel, suspendu, que partagent les amoureux et que décrivent si bien les poètes ?

---

2 **le dégoût** Ekel – 9 **à jamais** pour toujours – 9 **qn est privé de qc** jdm fehlt etw – 9 **la légèreté** Leichtigkeit – 11 **suspendu** *ici :* qui semble s'être arrêté

Nolan.

C'est à lui que je pense, alors que le soleil émerge lentement des brumes matinales. Il a fallu quatre mois avant
5 *qu'on s'embrasse. La plupart des garçons auraient laissé tomber une fille si lente à approcher. Oh, et puis après tout, qu'est-ce que j'y connais aux garçons, moi ? En tout cas, Nolan a été le premier à me*
10 *rassurer. Le premier à me faire oublier ma vie et ses tracas.*

Mais parfois, oui parfois – et c'est le cas à présent –, face au sentiment que j'éprouve pour lui, je ne peux
15 *m'empêcher de repenser à l'histoire de ma mère. À ce garçon sérieux qu'elle avait suivi dans sa jeunesse, sans aucune crainte.*

---

3 **émerger** sortir – 10 **rassurer qn** jdn beruhigen – 11 **les tracas** *mpl* Sorgen

Il faut que j'accélère. Que je passe en zone d'endurance active. Que je me dépasse.

Je peux y arriver, je m'y suis entraînée.
5 *Courir, respirer, accélérer, récupérer, rien d'autre.*

2 **l'endurance** f Ausdauer – 3 **se dépasser** sich selbst übertreffen – 5 **récupérer** wieder Kräfte sammeln

Nolan entre dans ma vie un matin de septembre. Je le repère immédiatement. C'est qu'ils sont rares les adolescents, le dimanche sur la ligne verte. Surtout
5 les jours de pluie. Je le croise une fois, deux fois, trois, puis tous les dimanches à huit heures et quasiment au même endroit. Sur le pont bleu en acier rouillé. Là où la vue est la plus dégagée. Il a
10 toujours le même sweat gris, la capuche sur la tête et de vieux *runnings* aux pieds. Il vient de la rive droite, moi de la gauche et je ne le recroise jamais au retour. J'en déduis qu'il doit bifurquer
15 quelque part. Au début, on ne se dit rien. On se croise, on se jette un coup d'œil, c'est tout.

Courant octobre, on se salue. C'est lui qui fait le premier pas. *Bonjour. Bonjour.*
20 Rien de plus. Je commence à penser

2 **repérer** *ici :* remarquer – 8 **l'acier** *m* Stahl – 8 **rouillé** verrostet – 9 **dégagé** *ici :* frei – 12 **une rive** Ufer – 14 **déduire** conclure – 14 **bifurquer** tourner

à lui souvent. La semaine, j'attends le dimanche, cet instant fugace où nous courons l'un vers l'autre. Il me plaît.

Il prend de la place. Je lui invente
5 une histoire. Je nous écris un destin. Novembre débarque sous un vent glacial, nos foulées se font plus courtes sur le pont bleu. *Salut. Salut.* On se croise de plus en plus près. À sentir nos
10 souffles. C'est vertigineux.

Mi-novembre, je gamberge. *Et si je me faisais des idées ? Si à force de me murer derrière mon silence, j'étais devenue timbrée ? Dysfonctionnelle ?*
15 *Enfermée dans un monde fantastique et imaginaire complètement déconnecté de la réalité ? Peut-être que ce garçon ne m'a même pas remarquée. Peut-être qu'il ne ralentit pas quand il me voit. Tout cela*
20 *est dans ma tête. Une pure fiction.*

---

2 **fugace** très court – 5 **un destin** Schicksal – 6 **débarquer** arriver – 7 **une foulée** Schritt – 10 **vertigineux** Schwindel erregend *(ici : fig)* – 13 **se murer derrière…** sich hinter einer Mauer von … verschanzen – 14 **timbré** *fam* fou – 14 **dysfonctionnel** qui ne fonctionne pas bien

J'ai tendance à courir trop vite. Je suis parfois obligée de revenir en arrière pour le croiser sur le pont au bon moment. J'y tiens. Ce pont est notre
5 repaire. Il me rassure. Je ne veux pas le rencontrer ailleurs.

Et puis un matin, il est là. Immobile. En train de s'étirer. Dès que je le vois, mon cœur s'emballe, l'écran de ma
10 montre affiche 90 % de ma fréquence cardiaque maximale. Faut-il faire demi-tour ? J'ai la trouille de le décevoir. De ne pas être assez intéressante. Qu'est-ce que je peux lui raconter à part une série
15 de mensonges parfaitement huilés ?

Je ralentis. Il cesse ses étirements. Il me regarde, les bras ballants le long de son svelte corps d'athlète. Ses yeux me supplient de le rejoindre. Ce n'est pas
20 un ordre. Juste une prière. Dans son

---

1 **avoir tendance à faire qc** dazu neigen etw zu tun – 5 **un repaire** un lieu caché, protégé – 8 **s'étirer** sich dehnen – 12 **décevoir** enttäuschen – 15 **huilé** *ici :* qu'on a l'habitude de dire – 16 **cesser** arrêter – 17 **ballant** schlenkernd – 18 **svelte** mince – 19 **supplier qn** jdn anflehen – 20 **une prière** *ici :* Bitte

regard j'entends *viens, n'aie pas peur, il faut qu'on se rencontre, j'ai la trouille moi aussi, alors déconne pas, viens.*

Je prends une grande inspiration et je termine ma course à petites foulées, je stoppe à quelques mètres de lui. *Une crampe ?* Je parle la première pour me donner du courage. Je trouve ma voix froide, agressive. Il me répond *non, je t'attendais.* Je pense *c'est bien la première fois que quelqu'un m'attend, à part ma mère, oui, c'est la première fois.* Je me sens flattée. Anxieuse. Je tends les bras vers le ciel pour étirer mon dos. Pour faire semblant de m'étirer. Faire semblant de rien, comme toujours. Rester à distance. Il veut savoir si je prépare un marathon. Sur le coup, j'ai envie de lui répondre, oui, le marathon de ma vie, mais j'esquive d'un sourire timide.

3 **déconner** *fam ici :* faire des bêtises – 7 **une crampe** Krampf – 13 **flatté** geschmeichelt – 13 **anxieux** qui a peur – 15 **faire semblant de faire qc** faire comme si on faisait qc – 20 **esquiver** *ici :* éviter de répondre

Il s'assoit. Je l'imite. Il y a quelque chose de doux entre nous. Immédiatement.

Un souffle chaud. À côté de lui, je n'ai
5 plus envie de cogner.

Nolan me plaît. Je crois d'ailleurs que je l'ai aimé avant de lui avoir parlé. Plus il me raconte sa préparation à son premier grand marathon, plus j'ai envie
10 qu'il me prenne la main et m'emporte dans une autre histoire. Loin de celle de ma mère. Loin du regard des gens sur ma famille. Je ne dis pas grand-chose. Je l'écoute, impressionnée, et puis
15 soudain, il se lève, il dit *désolé, il faut que j'y aille*. Je me sens abandonnée. Vexée. Je suis si bien avec lui. Je ne veux pas le quitter. J'ai envie de grimper sur ses épaules d'athlète et de me
20 laisser emporter comme ça, fièrement

17 **vexé** beleidigt

aux yeux des gens. Comme ces filles échevelées des années 1970 que l'on voit sur les vieilles photos des révoltes féministes. Des filles revendiquant leur
5 droit à la contraception, à l'avortement, fièrement perchées sur les épaules de garçons. C'est ça que je veux avec lui, me sentir fière et engagée, mais il est trop tôt, nous nous connaissons à peine.
10 Je me lève à mon tour, je ne sais pas quoi dire, j'ai l'impression d'avoir été nulle, j'ai envie de chialer, je pense *tu es maudite, Hanna ! Tu viens d'une famille qui ne connaît pas la douceur avec les*
15 *hommes et jamais tu ne la connaîtras !*

Je dois afficher un visage épouvantable parce qu'il me propose de nous revoir.

Je respire. Il me demande mes jours d'entraînement. *Mercredi, jeudi soir,*
20 *samedi et dimanche matin.* Il me fait

---

2 **échevelé** zerzaust – 4 **revendiquer** fordern – 5 **la contraception**
Empfängnisverhütung – 5 **l'avortement** *m* Abtreibung – 12 **chialer** *fam* pleurer –
13 **maudit** verflucht – 14 **la douceur** Sanftmut – 16 **épouvantable** horrible

remarquer que c'est beaucoup pour une fille qui ne prépare pas de course. Je veux le retenir, le surprendre, lui livrer un peu de moi alors je balbutie quelque
5 chose comme *ma course, elle est dans ma tête. Mon marathon à moi, il est social.* Ça sonne rigide et prétentieux, je baisse les yeux. J'ai peur qu'il me questionne, peur qu'il m'abandonne.
10 Mais Nolan reste. Cash, direct. Il sort ses tripes.

Je m'appelle Nolan. J'ai dix-huit ans. J'ai fait de la taule. Enfin presque. Trois mois en centre éducatif fermé. J'y
15 *retournerai jamais. Voilà, je tenais à te le dire avant de commencer. Enfin, avant qu'on se revoie. Parce que si je ne te fais pas peur, j'aimerais bien qu'on se revoie.*

Je relève la tête. Il vient d'entrer dans
20 mon cœur, nu, vrai, sans détour, il a

---

3 **livrer** *ici* : verraten − 4 **balbutier** [balbysje] parler de façon peu claire − 7 **rigide** steif −
7 **prétentieux** überheblich − 10 **sortir ses tripes** *fpl ici* : aus dem Bauch aus erzählen
(**les tripes** Eingeweide) − 13 **la taule** *fam* la prison (Gefängnis) − 20 **un détour** Umweg

déposé les armes et j'ai envie de faire pareil. Mais les mots ne sortent pas. Les mots restent coincés, je dodeline de la tête comme une vieille femme, j'acquiesce, je rougis, je souris, je me mords les lèvres et je dis *oui*. C'est tout, oui, et ça lui suffit.

Il part sans se retourner.

J'ai un rendez-vous amoureux.

1 **déposer les armes** *expr* die Waffen niederlegen – 3 **coincé** bloqué – 3 **dodeliner de la tête** den Kopf hin und her bewegen – 5 **acquiescer** faire oui de la tête – 6 **mordre** beißen

Plus que deux kilomètres. Je serai à l'heure. Je me sens plus détendue à présent. Presque sereine. Je récupère bien. Petites foulées et souffle long. Étrange
5 *sentiment que de se sentir à la fois fragile et forte. Je tenais à ce que ce moment s'inscrive sur le pont. Notre pont. La première fois qu'il m'a embrassée, j'ai cru que je tombais. Que le pont*
10 *s'écroulait. Que le monde dans ses bras s'évanouissait. La première fois, j'ai eu envie de chialer parce que j'ai compris que ma mère et ses copines n'avaient jamais vécu ça. Que la vie les avait*
15 *privées de ça.*

Un amour.

---

2 **détendu** relax – 10 **s'écrouler** einstürzen – 11 **s'évanouir** *ici :* disparaître

Quatre mois.

C'est le temps qu'il m'a fallu pour accueillir un baiser. Accepter qu'un garçon sensible, prévenant et tendre me touche sans que j'aie envie de fuir ou de le mordre.

Au début, nous courons beaucoup.

En silence. Il n'est pas bavard, moi non plus. C'est agréable. Je lui demande simplement de rester sur la voie verte, de ne pas chercher à en sortir.

Cette ligne en pleine nature me rassure. Il accepte, il devine que mon histoire est complexe. Il dit toujours *rien ne presse, Hanna* et moi j'entends *rien ne blesse.*

Nolan O'Connor. C'est lui.

Dans mes silences, il se raconte peu à peu. Au départ, il a une vie équilibrée avec des horaires, des règles, des fêtes d'anniversaire, des vacances en bord de

---

3 **un baiser** Kuss – 4 **prévenant** zuvorkommend – 4 **tendre** zärtlich – 8 **bavard** qui parle beaucoup – 15 **presser** eilen

mer. Une fiche scolaire facile à remplir au moment de la rentrée des classes. Pourtant, tout bascule quand son frère de seize ans meurt dans un accident de
5 moto. Nolan en a quinze. Il ne ressent plus rien. Ne voit plus rien. Il se fout de tout. C'est là que ça déraille.

Il se met à fumer de l'herbe, à traîner, à voler dans les supermarchés.
10 Il intègre une bande de petits caïds, passe à la cocaïne, à la bière, à l'ivresse dangereuse. Mauvaises fréquentations, mauvais sentiments. Il veut crever et faire crever. Le manque de son frère
15 est insupportable. Il ne peut pas se consoler, il ne veut pas oublier, alors il enchaîne les conneries, les allers et retours devant le juge, jusqu'à se faire pincer dans une voiture volée, sans

---

3 **basculer** *ici :* sich wenden – 6 **qn se fout de qc** etw ist jdm egal – 7 **dérailler** *ici : fam* aus den Fugen geraten – 8 **fumer** rauchen – 9 **traîner** herumhängen – 11 **l'ivresse** *f* Trunkenheit – 12 **une mauvaise fréquentation** un « ami » qui a une mauvaise influence – 13 **crever** *fam* mourir – 14 **le manque** Vermissen – 15 **insupportable** unerträglich – 16 **se consoler** sich trösten – 17 **enchaîner** *ici :* faire plein de – 17 **une connerie** *fam* une bêtise – 18 **un juge** Richter – 19 **pincer** *ici : fam* attraper

permis, ivre, shooté, à cent quatre-vingts kilomètres à l'heure. Il prend trois mois en centre éducatif fermé.

La seule façon de vous mettre du
5 *plomb dans la tête*, lui dira la juge. Elle a raison. C'est un électrochoc. Dans son centre éducatif, Nolan commence la course, l'entraînement, et peu à peu son esprit se libère. À sa sortie, il se jure
10 de rattraper son retard, de bosser pour obtenir son bac, et puis il s'accroche à cette folle idée de participer au marathon de Paris. Il court pour gagner, Nolan. Il court pour survivre. Je me sens
15 proche de lui. Quand il me livre toutes ces choses de sa vie, j'ai envie de lui ouvrir mon cœur.

De lui raconter Olga, son enfance misérable en Ukraine, le garçon qui
20 avait l'air sérieux, Pavel, la boutique de

---

4 **mettre du plomb dans la tête à qn** *expr* rendre qn raisonnable (vernünftig) (**le plomb** Blei)

chaussures, mais rien ne sort. C'est dur. C'est tout sec dans ma gorge, même quand il m'embrasse longtemps.

Cinq mois.

5 C'est le temps qu'il m'a fallu pour accepter de l'accompagner chez sa grand-mère où il se rend chaque dimanche après son jogging. J'ai longtemps repoussé parce que je savais

10 que si j'entrais dans sa vie, je serais alors forcée de lui ouvrir les portes de la mienne. Celles qui donnent sur la cuisine avec ma mère, Stefania, Maria, Anita et leurs cancans sur les clients.

15 Un matin pourtant, je l'accepte.

Le sourire qu'il m'offre en retour me donne le courage de quitter la ligne verte, de traverser les rues, les avenues, toute raide et suspendue à son cou.

20 Quand je m'aperçois qu'il se dirige vers

---

2 **la gorge** Kehle – 19 **raide** steif

mon quartier, je panique. Je m'accroche. Sa grand-mère est-elle une voisine ? Si elle savait ? Je vacille, Nolan me tient très serré. Comment lui dire qu'à ce moment, j'ai peur d'entendre les mots du "ça" derrière *mon dos ? Oh, mais c'est la fille de la putain ! Pas de ça chez nous ! Qu'elle aille voir ailleurs, la catin, la grue, la traînée du quartier !* Je suis aux aguets, je crains l'embuscade, le scandale, la violence verbale. Nolan me sourit toujours. Il me soutient toujours. Je vais tomber si nous n'arrivons pas.

Bonjour Hanna, sois la bienvenue.

Sa grand-mère a une voix douce, le sourire bienveillant, je m'échoue avec soulagement sur le canapé de son salon. Ce sont des livres qui m'accueillent. Des centaines d'ouvrages bien rangés et classés par ordre alphabétique sur les

---

3 **vaciller** unsicher auf den Beinen sein – 10 **être aux aguets** *mpl* tout observer attentivement – 10 **une embuscade** Hinterhalt – 16 **s'échouer** *ici :* se laisser tomber – 17 **le soulagement** Erleichterung – 19 **un ouvrage** un livre

rayonnages de la bibliothèque. Ça sent bon l'équilibre.

Une vie simple, bien rangée comme les ouvrages classés de Anouilh à Zweig.
5 Elle me tend une tasse de café, des gâteaux faits maison, Nolan s'assoit à mes côtés, ça sent la vanille, c'est tendre et cruel à la fois. Je me sens tellement à ma place dans ce décor fleuri. La
10 maison idéale, la famille idéale. C'est chaud, délicat, élégant, silencieux, rassurant. J'aimerais que maman voie ça. J'aimerais que maman vive là.

Qu'elle se repose.
15 Sa grand-mère ne pose pas de questions, elle se contente de me parler des révisions de Nolan pour le bac. C'est elle qui le fait travailler, *rattraper son retard à cause de ses bêtises adolescentes*,
20 souligne-t-elle pudiquement. Je suis

---

1 **un rayonnage** Regal – 20 **pudiquement** *ici :* mit Zurückhaltung

un peu absente. J'ai du mal à me concentrer. Je recommence à dodeliner de la tête comme une vieille femme. Je pense à la vérité. Dire la vérité. Ne pas
5 tricher avec lui. Lâcher la barre. L'image de Sandra me revient d'un coup. Une autre fille de prostituée que j'avais un jour rencontrée. La fille d'une collègue de ma mère. Pourquoi est-ce que je
10 repense à cette fille à cet instant ? Seize ans, déglinguée, déscolarisée, shootée aux acides. Je me souviens de ses dents toutes pourries. Les dents de la misère qui au moindre faux pas pourraient me
15 dévorer. Les dents, c'est à cela qu'on reconnaît les pauvres ! Les miennes sont blanches et bien alignées, j'y veille comme sur le reste. *Des bêtises adolescentes*, a dit sa grand-mère. Un
20 truc qui m'échappe complètement. Moi,

---

5 **tricher** *ici :* betrügen – 5 **lâcher la barre** *fig* loslassen – 11 **déscolarisé** qui ne va plus à l'école – 13 **pourri** verfault – 15 **dévorer** fressen

des conneries j'ai pas pu en faire, ça
m'aurait mise à terre. Plus bas même. Là
où les gens rangent les bâtards, les mal
nés, les enfants de prostituées.

5   Ça va, Hanna ?

C'est tout ce qu'il me demande, l'air
inquiet, je dois afficher une grimace
d'anxiété. Combien de temps me suis-
je absentée du salon au parfum de

10 vanille ? Je lui souris et je pense *Nolan
doit savoir. Nous sommes sur la même
ligne de vie, de course et d'horizon. Il doit
savoir qui je suis.*

---

8 **l'anxiété** *f* la peur

Il est déjà là. J'étais sûre qu'il serait en
avance. Il l'est toujours. J'aime l'observer
m'attendre. J'aime le surprendre à petites
foulées. C'est fou comme ce garçon
5 *m'attire. Je me sens attachée. Bien sûr j'ai*
peur de cette dépendance amoureuse,
plus que les autres sans doute à cause
de mon histoire, mais je devine qu'elle
peut aussi me libérer. Je marche vers mon
10 *but à présent. Je récupère. Je déploie mes*
bras et j'inspire sous les premiers rayons
du soleil. J'inspire et j'expire. J'inspire,
j'expire, je marche.

10 **déployer** ouvrir

Je n'ai rien dit à maman pour Nolan. Question d'honnêteté. Tant que mes deux vies ne peuvent pas fusionner, je préfère garder le silence. Je suis forte en silence. Super entraînée. Pourtant, elle a quand même fait quelques petites allusions, les mères sentent quand leurs filles sont amoureuses. *T'es bien soleil, mon Hannoushka, ce matin. Tu lâches tes cheveux maintenant ? Ça te va bien.* Ma mère, elle est ce qu'elle est. Prostituée, presque analphabète, sans diplôme, accro à l'alcool, au cannabis, fragile comme une tige de tulipe, mais elle m'a offert un foyer. Un petit appartement à nous, pas luxueux, mais calme et protégé de la violence des rues. Une bulle loin des trottoirs, des grands boulevards, des clients, loin des dealers et des trafics humains. Je n'ai

---

7 **une allusion** Anspielung – 13 **accro à qc** von etw abhängig – 14 **une tige** Stiel

jamais mis un pied dans les services sociaux. Jamais été placée dans une famille d'accueil, ni en orphelinat. Elle est parvenue à m'élever toute seule, ma
5 mère, et de cela elle peut être fière !

Moi, j'ai vu ce que j'ai vu.

Je sais que ma mère ne représente pas toutes les filles qui vendent leur corps, mais quand même, j'en ai vu défiler un
10 paquet de prostituées dans ma cuisine et je peux témoigner que c'est rarement un choix. Plutôt un piège, une sorte de gouffre qui bousille tout. J'en suis le témoin et la victime, c'est pour ça que
15 je fais gaffe. Apprendre à se protéger, à se soutenir, à s'entraider, c'est ce qu'on devrait enseigner aux filles. Comme on devrait encourager la plupart des hommes qui ne sont pas des clients à
20 le crier haut et fort. La prostitution ne

---

3 **un orphelinat** Waisenhaus – 4 **parvenir à faire qc** réussir à faire qc – 4 **élever** *ici :* aufziehen – 11 **témoigner** *ici :* berichten – 12 **un piège** Falle – 13 **un gouffre** Abgrund – 13 **bousiller** *fam* kaputt machen – 14 **un témoin** Zeuge – 15 **faire gaffe** *fam* faire attention – 16 **se soutenir** sich unterstützen – 17 **enseigner** beibringen – 18 **encourager** ermuntern

rend pas plus viril, bien au contraire. Pourquoi les garçons modernes ne le disent-ils pas ? Haut et fort, dignement, en hommes, quoi !

5 Moi, je suis ce que je suis, juste une fille de prostituée, mais je veux que ça change. Ça peut changer, j'en suis certaine. D'autres filles, d'autres garçons sont de mon avis.

10 L'avilissement des femmes pour le plaisir des hommes n'est pas une fatalité. Quarante millions de personnes se prostituent dans le monde, des garçons, des filles, des mères, des

15 enfants. Trente-cinq millions de filles vendent leur corps, parfois pour un bout de pain, un logement ou simplement pour ne pas se faire tuer. Tel est le visage de l'humanité, monstrueux,

---

1 **viril** männlich – 10 **l'avilissement** *m* Entwürdigung

effrayant et pourtant n'est-ce pas à nous de le sculpter autrement ?

De l'imaginer différent, ce visage ?

C'est pour cette raison que je rêve souvent.

Je rêve de maisons publiques, des refuges où les prostituées pourraient venir panser leurs blessures sans haine ni jugement. Apprendre à s'estimer, à croire en leurs capacités, apprendre un métier ou simplement à lire et à écrire. Retrouver un regard aimant dans les yeux des gens. Dans les yeux des hommes. Je rêve d'une éducation égalitaire entre filles et garçons. Qu'on arrête de se pâmer d'admiration devant un garçon qui embrasse deux filles d'affilée dans une soirée, alors qu'on traitera systématiquement de salope celle qui osera embrasser deux garçons.

---

7 **un refuge** Zufluchtsstätte – 8 **panser** heilen – 9 **s'estimer** sich wertschätzen – 10 **une capacité** Fähigkeit – 16 **se pâmer d'admiration** f pour/devant qn ganz hingerissen von jdm sein – 18 **d'affilée** à la suite – 19 **une salope** *vulg* Nutte

Je rêve d'une grande école humaniste où la première valeur enseignée serait le respect absolu de l'individu qu'il soit homme, femme, riche, pauvre,
5 intelligent ou pas. Une école où le désir des garçons ne serait pas plus valorisé que celui des filles, une école de l'entraide plutôt que du jugement, de la solidarité plutôt que de la domination.
10 Et qu'on arrête de nous faire croire que les êtres humains sont des animaux sauvages qui ne peuvent pas vivre sans tuer, violenter, jalouser, asservir, violer et tout bousiller sur leur passage !
15 Ou alors, cela signifierait que notre espèce est inférieure aux autres, car à ma connaissance aucun animal ne fait souffrir les siens par plaisir.

Je rêve, c'est vrai et certains jugeront
20 mes rêves simplistes, mais je m'en fous

7 **valoriser** aufwerten – 9 **la domination** Herrschaft – 13 **asservir** unterwerfen –
13 **violer** vergewaltigen

car désormais le jugement des autres m'importe peu.

J'ai seize ans, je suis fille de prostituée, fille de la terre, des rivières et des mers, fille du monde, de ses misères, de ses hontes, de ses faiblesses et de tous ses abus. Je m'appelle Hanna Sobolev, je suis amoureuse, heureuse, légère et insoumise. C'est pourquoi je marche la tête haute. C'est pourquoi je ne veux plus jamais me taire ni laisser faire.

---

7 **un abus** *ici :* Missbrauch – 9 **insoumis** nicht unterworfen

Ça y est. Il m'a vue. Il me sourit. J'ai le cœur en feu, mais je suis prête. Ce matin, je ne ferai pas demi-tour.

Nolan vient vers moi. Il m'observe, me sourit. Nous rejoignons le pont bleu calmement.

— Tu cours depuis combien de temps ?

— Une heure cinquante-six. J'ai fait vingt kilomètres avec une fréquence cardiaque moyenne de 80-85. Juste une petite accélération à 92.

— Tu m'impressionnes.

— Je ne cours pas pour t'impressionner, tu sais.

Ma remarque le fait sourire, il me prend la main, je récupère.

— Peut-être, mais tu m'impressionnes quand même, Hanna Sobolev.

J'ai la trouille. Je crois qu'il le sent.

Je réussis à lui sourire pour le rassurer. J'ai chaud. Je crève de chaud. Il ne faut

pas que je me dégonfle. Il ne faut pas que
je pense à sa réaction.

— Nolan, promets-moi de ne
pas m'interrompre. Quand j'aurai
5 commencé mon récit, jure-moi de ne
plus m'interrompre.

Il promet. J'aime le goût de ses lèvres.
J'aime sentir sa force autour de mon
corps. Pas un nuage. Il est temps de me
10 *lancer. Je m'éloigne de sa chaleur, je*
m'accoude à la rambarde. Au loin, la
ville se réveille doucement. Nolan se lève
à son tour, il me rejoint, regarde la ville.
Je sens qu'il m'encourage, je sens qu'il
15 *m'attend, qu'il est prêt lui aussi, alors je*
prends une grande inspiration, un temps
suspendu, et je m'élance.

---

1 **se dégonfler** *fam* perdre courage – 4 **interrompre** unterbrechen – 9 **se lancer** *ici :*
es wagen – 11 **s'accouder à qc** sich mit Ellbogen auf etw stützen – 11 **une rambarde**
Geländer

Je me sens vieille. Ébréchée.

Tellement différente des filles de mon âge. Si j'essaie de revenir au début de mon histoire, au moment précis où j'ai réalisé cette différence, c'est toujours la même photo qui s'imprime…

Biographie

Au départ comédienne, JO WITEK se dirige assez vite vers l'écriture. D'abord pour le cinéma, en tant que scénariste et lectrice, puis pour la presse culturelle et la littérature. Depuis 2009, elle écrit pour la jeunesse : des ouvrages documentaires et des albums à La Martinière jeunesse – dont certains traduits dans une quinzaine de langues (*In my heart*), des romans chez Seuil Jeunesse

© *Florence Renerre*

(Récit intégral (ou presque) d'une coupe de cheveux ratée), Flammarion *(Mentine)* et Talents Hauts *(Mauvaise Connexion)*. Chez Actes Sud junior, elle est l'auteur de thrillers pour les ados, *Le Domaine, Peur Express, Rêves en noir, Un hiver en enfer*, d'un conte féministe, *Un jour j'irai chercher mon prince en skate*, et plus récemment d'un roman pour les 9-12 ans, *Y a pas de héros dans ma famille*. Tous sont récompensés par de nombreux prix littéraires francophones. Elle réside aujourd'hui dans le Sud de la France.

La liste des abréviations

≠	antonyme de
→	mot de la même famille
°	h aspiré (pas de liaison : *le/la* devant un substantif, *je* devant un verbe)
etw	etwas
f	féminin
fam	familier
fpl	féminin pluriel
jdm	jemandem
jdn	jemanden
m	masculin
mpl	masculin pluriel
qc	quelque chose
qn	quelqu'un
vulg	vulgaire